Incroyable!

Ce sont deux cyclistes qui ont inventé l'avion!

(et autres victoires du transport)

Richard Platt

Traduction : Anne Bricaud

Table des matières

Catalogage avant publication de Bibliothèque et Archives nationales du Québec et Bibliothèque et Archives Canada

Platt, Richard

Incroyable! Ce sont deux cyclistes qui ont inventé l'avion!: et autres victoires du transport

(Bizarre bazar)
Traduction de : Would you believe... two cyclists invented the aeroplane?!
Comprend un index.
Pour les jeunes de 9 à 13 ans.

ISBN 978-2-89579-419-6

1. Transport - Histoire - Ouvrages pour la jeunesse. 1. Titre.
II. Titre: Ce sont deux cyclistes qui ont inventé l'avion!. III. Collection:
Bizarre bazar.

HE152.P5214 2012   j388.09   C2011-942086-4

Dépôt légal – Bibliothèque et Archives nationales du Québec, 2012
Bibliothèque et Archives Canada, 2012

Would You Believe... two cyclists invented the aeroplane?! and other transport triumphs de Richard Platt a été initialement publié en anglais en 2010 (ISBN 978-0-19-911969-1). Cette édition est publiée en accord avec Oxford University Press.

Texte : © 2010 Oxford University Press

Direction : Andrée-Anne Gratton
Traduction : Anne Bricaud
Révision : Sophie Sainte-Marie
Mise en pages : Danielle Dugal

© Bayard Canada Livres inc. 2012

Nous reconnaissons l'aide financière du gouvernement du Canada par l'entremise du Fonds du livre du Canada (FLC) pour des activités de développement de notre entreprise.

Cet ouvrage a été publié avec le soutien de la SODEC.
Gouvernement du Québec - Programme de crédit d'impôt pour l'édition de livres – Gestion SODEC.

Bayard Canada Livres
4475, rue Frontenac
Montréal (Québec) Canada H2H 2S2
Téléphone : 514 844-2111 ou 1 866 844-2111
Télécopieur : 514 278-0072
edition@bayardcanada.com
bayardlivres.ca

AVERTISSEMENT : *Les pratiques mentionnées dans ce livre ne le sont que dans un but informatif. Ne les essayez pas à la maison!*

Introduction

PENDANT LES 200 000 PREMIÈRES ANNÉES DE L'HUMANITÉ, il n'existait qu'un moyen de transport : celui qui laissait des empreintes de pas. En fait, la marche a été l'une des choses qui ont caractérisé les premiers humains. Nos ancêtres, les singes, ne pouvaient pas marcher longtemps (ni courir ni se tenir debout) sur deux pattes. La marche était lente, mais c'est grâce à ce simple moyen de transport que des humains ont quitté l'Afrique, où ils avaient évolué, et qu'ils se sont rendus en Asie, en Europe et en Amérique.

Incroyable ! Incroyable ! Incroyable ! Incroyable !

Qui, où, quand ? Qui voulait interdire aux pauvres de prendre le train ? Dans quel pays les facteurs apportaient-ils des fruits frais à l'empereur ? Quand des écoles où apprendre à faire du vélo ont-elles existé ? Lis ce livre pour découvrir les réponses.

Les inventions de la roue, de la selle et de la voile ont facilité le transport, le rendant presque simple, mais il n'était pas beaucoup plus rapide. Jusqu'à il y a seulement deux siècles, c'était sur un cheval au galop qu'on pouvait goûter à la vitesse extrême d'alors. Ensuite, avec l'apparition du chemin de fer, les passagers ont pu voyager à la terrifiante vitesse d'une… voiture dans le trafic d'une ville moderne.

Aujourd'hui, bien sûr, la vitesse est normale pour nous. Nous trouvons tout naturel de parcourir la moitié de la planète en avion, en faisant la course avec le soleil. Sur la route, même les voitures les moins chères peuvent atteindre des vitesses dangereuses et illégales. Mais nous serons peut-être la dernière génération à profiter du luxe de pouvoir nous déplacer rapidement. Quand le carburant avec lequel fonctionnent nos véhicules sera épuisé, les transports vont sûrement devoir ralentir. La façon la plus sensée de voyager pourrait bien être, de nouveau, à pied.

Le transport
sur pattes

Même les autruches peuvent transporter des gens sur de courtes distances.

VOYAGER SUR QUATRE PATTES AVAIT UN avantage certain par rapport à une voiture ou un autobus moderne : si on était affamé après un long voyage, on pouvait manger son moyen de transport ! Il y a environ 5 500 ans, pour se nourrir, on a commencé à faire l'élevage de ce qu'on appelle maintenant des animaux de selle et des bêtes de somme (qui transportent des charges). Les gens ne les utilisèrent pour transporter de lourdes charges que bien plus tard, vers la période où ils se mirent à atteler divers animaux à de très simples charrettes (voir les pages 8-9).

▼ Des guerriers mongols
Grâce à leurs chevaux rapides, les ancêtres de ces Mongols, en Asie centrale, étaient de terrifiants guerriers. Ils balayèrent l'Europe au 13e siècle, bâtissant un empire qui s'étendait de l'Autriche jusqu'à l'est de la Chine. Quand ils avaient faim, ils ouvraient les veines de leurs chevaux et buvaient leur sang.

Si les Chinois n'avaient pas inventé les étriers, les chevaliers médiévaux n'auraient jamais pu se mettre en selle.

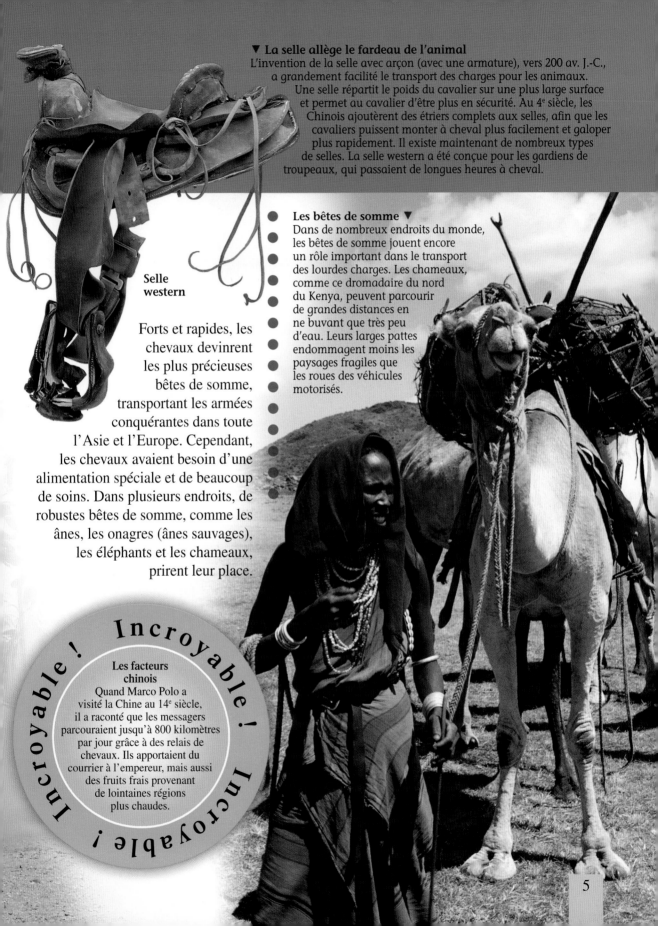

▼ La selle allège le fardeau de l'animal

L'invention de la selle avec arçon (avec une armature), vers 200 av. J.-C., a grandement facilité le transport des charges pour les animaux. Une selle répartit le poids du cavalier sur une plus large surface et permet au cavalier d'être plus en sécurité. Au 4e siècle, les Chinois ajoutèrent des étriers complets aux selles, afin que les cavaliers puissent monter à cheval plus facilement et galoper plus rapidement. Il existe maintenant de nombreux types de selles. La selle western a été conçue pour les gardiens de troupeaux, qui passaient de longues heures à cheval.

Selle western

Forts et rapides, les chevaux devinrent les plus précieuses bêtes de somme, transportant les armées conquérantes dans toute l'Asie et l'Europe. Cependant, les chevaux avaient besoin d'une alimentation spéciale et de beaucoup de soins. Dans plusieurs endroits, de robustes bêtes de somme, comme les ânes, les onagres (ânes sauvages), les éléphants et les chameaux, prirent leur place.

Les bêtes de somme ▼

Dans de nombreux endroits du monde, les bêtes de somme jouent encore un rôle important dans le transport des lourdes charges. Les chameaux, comme ce dromadaire du nord du Kenya, peuvent parcourir de grandes distances en ne buvant que très peu d'eau. Leurs larges pattes endommagent moins les paysages fragiles que les roues des véhicules motorisés.

Incroyable ! Incroyable ! Incroyable ! Incroyable ! Incroyable !

Les facteurs chinois
Quand Marco Polo a visité la Chine au 14e siècle, il a raconté que les messagers parcouraient jusqu'à 800 kilomètres par jour grâce à des relais de chevaux. Ils apportaient du courrier à l'empereur, mais aussi des fruits frais provenant de lointaines régions plus chaudes.

Les traîneaux,
les skis et les patins

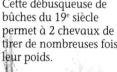

GLISSER SUR LA NEIGE, LA vase et la glace brillante est une façon efficace de se déplacer. C'est aussi l'une des plus anciennes. Beaucoup de peuples anciens savaient qu'il était bien plus facile de traîner une lourde charge que de la transporter sur le dos. Quand les températures tombaient, les déplacements étaient encore plus faciles, car même les charges très lourdes glissent sans effort sur la glace.

La Scandinavie apporta sa contribution aux déplacements sur glace. Des archéologues ont trouvé en Finlande des patins de traîneau vieux de 10 000 ans. De plus, des gravures rupestres datant de 3 000 av. J.-C. montrent des Norvégiens sur des skis. À cette époque, les Finlandais patinaient sur les lacs gelés pour aller d'un village à l'autre.

Le travois ▲
Les peuples autochtones d'Amérique, comme ces Assiniboins, déplaçaient leurs possessions sur des charrettes-traîneaux à deux bras appelées « travois ». Ces travois furent tirés par des chiens jusqu'au 16e siècle, quand les envahisseurs européens introduisirent le cheval, beaucoup plus robuste.

De lourdes charges ▼
On utilise des traîneaux pour déplacer les charges lourdes depuis l'Antiquité. Il y a 2000 ans, les Égyptiens s'en servirent pour transporter les blocs de 3 tonnes de la pyramide de Khéops. Cette débusqueuse de bûches du 19e siècle permet à 2 chevaux de tirer de nombreuses fois leur poids.

Les manuels de survie recommandent d'utiliser un travois pour le transport d'urgence des compagnons blessés.

Glisser sur la boue ▶

Là où aucun autre véhicule ne peut se rendre, on utilise encore des moyens de transport qui glissent. Pour rapporter sa prise à travers la vase qui recouvre une côte anglaise, Brendan Sellick, un pêcheur de crevettes, utilise un *mudhorse* («cheval sur la boue»), moitié brouette, moitié traîneau. Il s'appuie dessus et le pousse.

La déesse du ski ▶

L'écrivain suédois Olaus Magnus fut l'un des premiers à décrire un skieur, au 16e siècle : «… sur de longues planches attachées à ses pieds, il avançait en zigzagant dangereusement.» On trouve cette illustration d'une déesse du ski nordique dans un de ses livres.

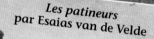

Les patineurs par Esaias van de Velde

Patiner pour s'amuser ▲

Les premières lames des patins à glace étaient faites en os. Les Néerlandais en ont ensuite fabriqué en fer, ce qui a permis de patiner plus facilement et rapidement. Dès 1618, quand ce tableau a été peint, les gens patinaient pour se déplacer, mais aussi pour s'amuser.

◀ Des raquettes modernes

Il est impossible de marcher dans la neige épaisse avec de simples bottes. Chausser des raquettes permet de répartir son poids et de «flotter» sur les amoncellements de neige, même les plus épais. Les raquettes modernes sont faites de métal léger et de plastique.

Des raquettes modernes de haute technologie

L'invention de la roue

LA DÉCOUVERTE LA PLUS IMPORTANTE dans le domaine des transports a été faite par… un potier ! Cela est dû au fait que les roues furent d'abord utilisées sous des bols en argile à Sumer (Syrie actuelle). On a probablement créé les premiers véhicules roulants en attachant des roues à un traîneau, il y a au moins 5 500 ans.

La roue était un concept tellement nouveau et étonnant que, au départ, elle représentait un important signe de pouvoir : seuls les rois se déplaçaient en chariot. Mais quand cette invention révolutionnaire s'est répandue, elle a tout d'abord modifié la conduite des guerres, puis tous les types de transports terrestres.

Les premières roues ▲
Les premières roues n'étaient pas tranchées dans un tronc, car elles se seraient rapidement fendues. Elles étaient plutôt fabriquées à partir de trois planches de bois attachées ensemble et découpées en forme de disque. Un axe (une mince tige qui permettait de faire tourner la roue) passait par un trou creusé au milieu du disque.

Des chars de guerre ▲
Tirés par des onagres, puis plus tard par des chevaux, les chars légers aux roues à rayons étaient l'arme terroriste de l'Antiquité. Les guerriers fonçaient à toute vitesse sur leurs ennemis, puis ils battaient en retraite tout aussi rapidement. Les chars permirent aux Hyksos de conquérir l'Égypte vers 1630 av. J.-C.

Un char en or ▶
Les Égyptiens de l'Antiquité améliorèrent les chars en ajoutant des rayons aux roues pour les renforcer, et des carquois (étuis à flèches) supplémentaires. Cette boucle de ceinture montre le pharaon Toutankhamon, de retour d'une bataille au 14e siècle av. J.-C.

Des chariots ingénieux

Tirés par des chevaux, des bœufs ou même des éléphants, les véhicules à roues permirent de transporter d'énormes chargements sur de grandes distances. La plupart étaient de simples chariots ou charrettes, mais d'astucieux ingénieurs construisirent aussi des véhicules spéciaux conçus pour leur rapidité ou pour des démonstrations.

Une course de chars ▲

Les Romains allaient à la guerre sur des chevaux sellés, mais les courses de chars sur les pistes spécialement construites à Rome, dans le Circus Maximus, étaient très populaires. Jusqu'à un demi-million de personnes venaient acclamer leur équipe, qu'elles soutenaient comme les partisans soutiennent les équipes de football de nos jours. Cette affiche représente la course de chars dans la pièce de théâtre *Ben-Hur*.

Incroyable ! Incroyable ! Incroyable ! Incroyable ! Incroyable !

Sans les roues

Les enfants aztèques, au Mexique, avaient des jouets roulants. Pourtant, il n'y avait pas de véhicules à roues, sans doute parce que, jusqu'à ce que les Européens conquièrent le pays au 16e siècle, il n'y avait pas d'animaux de trait. Les gens transportaient sur leur dos toutes les charges.

Des biens, du bétail, des passagers ▲

Des bœufs tiraient des chariots chargés de laine au début du 20e siècle, en Australie (en haut). P. T. Barnum attirait les foules à New York, en leur montrant le plus gros éléphant captif du monde, emprisonné dans un chariot spécial (au centre). Le rapide *Swallow* polonais, conçu en 1870, comportait des roues tournant dans d'autres roues (en bas).

Une seule roue en Chine ▲

Avec les chars, l'usage de la roue s'est répandu vers l'est, jusqu'en Chine. Là, les artisans la perfectionnèrent, fabriquant des roues ayant jusqu'à 30 rayons. Ils créèrent des chars munis de nombreuses roues pour transporter des charges énormes, ainsi que des brouettes à roue unique. En ajoutant des voiles à ces brouettes, ils pouvaient aller plus vite dans les plaines chinoises, plates et très venteuses.

Le « chariot-voilier » chinois à une roue était assez grand pour transporter plusieurs passagers.

Des pédales font tourner le monde

LES SIÈGES DES premiers vélos arrivaient à l'épaule, et il fallait être très courageux (ou idiot) pour en faire. À cause des bosses sur les routes, les chutes étaient souvent mortelles. Les cyclistes poussèrent donc un soupir de soulagement quand, dans les années 1880, ces engins à grandes roues furent remplacés par des vélos ressemblant aux vélos actuels. Leurs deux roues étaient de même taille, munies de pneus et mues par des chaînes.

Ces « vélos sécuritaires » eurent un succès phénoménal. Ils étaient le premier moyen de transport individuel que tout le monde pouvait s'offrir. Les femmes cyclistes, dans leurs nouveaux vêtements osés, découvrirent la liberté. Cela permit d'alimenter le mouvement pour l'égalité des sexes, qui existe encore de nos jours.

La libération de la femme ▲
Les femmes ne pouvaient pas faire du vélo en jupe longue, alors elles portaient des pantalons amples sous des jupes courtes. Amelia Bloomer, militante pour les droits des femmes, rendit ces pantalons bouffants très populaires, et on leur donna son nom.

◄ L'ancêtre de la bicyclette
Le premier véhicule à deux roues actionné par l'humain n'était pas la bicyclette, mais la « machine à courir », aussi appelé une « draisienne ». Son nom vient de celui de son inventeur, le baron allemand Karl von Drais, et il n'avait pas de pédales. On devait pousser avec les pieds pour le faire avancer. Il a connu un bref succès vers 1820, mais il est tombé dans l'oubli jusqu'à ce que dans les années 1860, le vélocipède à pédales soit créé.

▲ De vieilles vedettes
Le cyclisme inspira aux inventeurs des conceptions extravagantes. On trouvait beaucoup de cycles de diverses formes, à trois ou quatre roues, que plusieurs personnes devaient conduire dans des positions bizarres.

Les merveilles du carbone ▶
Les vélos actuels les plus rapides sont faits en matériaux composites à base de fibre de carbone. Les matériaux ont changé, mais l'allure de base est très proche de celle des premiers vélos de 1885.

◀ Un jouet pour enfant
On voit que cet objet du 19e siècle, orné d'un cheval de bois, est un jouet, mais il ressemble beaucoup aux premiers tricycles. Ceux-ci avaient également un cadre de bois qui secouait leur conducteur, et des roues pleines à pédales fixes.

Un véhicule polyvalent ▼
Les engins à pédales sont encore un mode de transport efficace. À certains endroits comme en Chine, les routes sont en bon état, mais les revenus sont faibles. Les cycles permettent donc de transporter des biens, des passagers et des animaux sur de courtes distances et à bon prix, sans carburant ni pollution.

Les premières bicyclettes avaient des voiles amovibles qui permettaient d'arrêter de pédaler quand il y avait du vent.

Les trains de la London and Birmingham Railway, en 1837, avaient trois classes.

Le cheval de fer

L'INVENTION DU TRAIN À VAPEUR EN 1829 permit soudain de voyager à la vitesse terrifiante de 24 kilomètres à l'heure ! Dionysus Lardner, un professeur londonien, lança une mise en garde contre les dangers du train : « Les passagers, ne pouvant respirer, mourront asphyxiés. » Cela ne fut bien sûr pas le cas, et le chemin de fer prit rapidement de l'ampleur en Europe et en Amérique.

Grâce au train, le monde sembla rapetisser. Après que le chemin de fer qui traversait les États-Unis fut terminé en 1869, il ne fallait plus que huit jours pour aller de New York à San Francisco. Auparavant, cela prenait au moins trois mois !

Comme une fusée ▼
La révolution du chemin de fer commença en Grande-Bretagne. En 1829, lors de la course de trains de Rainhill, la locomotive *Rocket* (« fusée ») atteignit la vitesse record de 46 km/h. Grâce à cet exploit, la locomotive obtint la tâche de tirer des wagons sur un des premiers chemins de fer.

Des bisons abattus ▲

Les chemins de fer n'ont pas eu que des conséquences positives. Les voyageurs qui traversaient en train les plaines d'Amérique du Nord tiraient sur les bisons pour s'occuper. Dès 1900, la quasi-totalité des 60 millions de bisons du continent avaient été tués par ces passagers et les autres chasseurs.

Incroyable ! Incroyable ! Incroyable ! Incroyable !

L'heure du train
Avant l'époque du train, chaque ville avait une heure différente. En Grande-Bretagne, par exemple, St Ives, en Cornouailles, avait 20 minutes de moins que Londres, parce que le soleil s'y lève 20 minutes plus tôt. Les horaires de train ont forcé tout le monde à adopter la même heure pour éviter les collisions.

Des incendies, des accidents et des épaves ▲

Personne n'a été gravement blessé quand ce train a déraillé et a pris feu sur le pont de Brooklyn, à New York, en 1903, mais les accidents mortels étaient assez fréquents depuis les débuts du chemin de fer. William Huskisson, un politicien britannique, fut le premier passager à mourir. Il fut frappé par la *Rocket* lors de l'inauguration de la compagnie de chemin de fer Liverpool and Manchester Railway.

Un transport pour les pauvres

Voyager en train ne coûtait pas cher. Une loi de 1844 obligeait les compagnies de chemin de fer britanniques à ne pas faire payer les voyageurs plus d'un penny par mille (1,6 kilomètre). Les tarifs de diligence étaient souvent huit fois plus élevés. Pour la première fois, les travailleurs pouvaient se permettre de voyager loin de chez eux.

Le roi de Hanovre a dit : « Je ne voudrais pas qu'un cordonnier puisse voyager aussi rapidement que moi. »

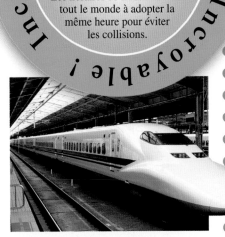

Le train Shinkansen ▲

Aujourd'hui, les trains sont le moyen de transport terrestre le plus rapide. Les trains japonais Shinkansen vont le plus vite. Ils relient les grandes villes, roulant à 300 kilomètres à l'heure sur des rails parasismiques.

Les autobus,
les métros et les tramways

SEULS LES PLUS SNOBS ÉTAIENT admis dans les premiers autobus. L'accès au service de transport public lancé à Paris en 1662 était interdit aux « soldats, pages, laquais, domestiques, ouvriers et agriculteurs ». Un service d'autobus vraiment public fut mis en place à Nantes, en France, en 1826. On l'appela « omnibus », mot latin qui signifie « pour tous », afin de montrer qu'il était destiné à tous.

Les autobus publics roulaient dans les rues, mais les conducteurs se rendirent vite compte que les véhicules roulaient plus facilement sur des rails et qu'ils pouvaient alors transporter deux fois plus de passagers. Cinquante personnes s'entassaient dans chacun des premiers wagons-écuries de New York dès 1852. Ces véhicules roulaient sur des rails et n'étaient tirés que par deux chevaux.

Libérer les rues

Affamés et surmenés, les chevaux mouraient souvent en pleine course, bloquant les rues déjà très encombrées. Pour alléger les embouteillages, les conseils municipaux prirent des mesures désespérées. Ils transférèrent les transports publics dans des souterrains et sur des voies surélevées.

Dans le métro ▲
Quand le premier métro vit le jour à Londres en 1863, les wagons étaient tirés par des locomotives qui « emprisonnaient leur fumée ». Les wagons de la ligne construite en 1870 sous Broadway, à New York (en haut), étaient propulsés par de l'air sous pression. L'énergie électrique arriva 20 ans plus tard.

Les omnibus hippomobiles ▼
Le premier service d'autobus transportait les clients du centre de Nantes, en France, jusqu'à des bains publics, un peu plus loin. Les bains firent faillite, mais le service d'autobus était très populaire. Il fut copié tout d'abord à Paris, puis dans de nombreuses autres villes, comme à Glasgow (en bas). Ces autobus étaient cahotants et à peine plus rapides que la marche.

ROYAL CALEDONIAN BASKET
GLASGOW & PAISLEY.

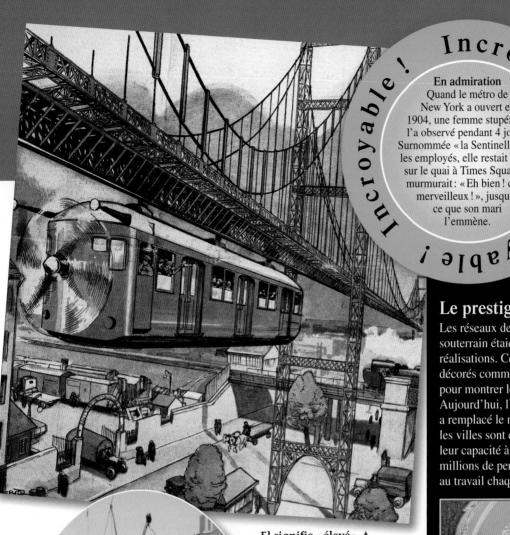

En admiration
Quand le métro de New York a ouvert en 1904, une femme stupéfaite l'a observé pendant 4 jours. Surnommée «la Sentinelle» par les employés, elle restait assise sur le quai à Times Square et murmurait : «Eh bien ! c'est merveilleux !», jusqu'à ce que son mari l'emmène.

Le prestige du métro

Les réseaux de transport souterrain étaient d'incroyables réalisations. Certains étaient décorés comme des palais pour montrer leur importance. Aujourd'hui, l'acier inoxydable a remplacé le marbre, mais les villes sont encore fières de leur capacité à permettre à des millions de personnes de foncer au travail chaque jour.

El signifie «élevé» ▲
Ce train à hélice est une fantaisie de 1924, mais, à New York en 1870, des métros aériens circulaient bien au-dessus des routes. Les El fonctionnaient à l'électricité et étaient tirés par des câbles. Ils étaient impopulaires parce que, lors des pannes, les passagers devaient descendre par des échelles pour rejoindre le sol.

◀ **Des inventions choquantes**
Les premiers tramways, à Berlin en 1881, tiraient leur courant des rails qui donnaient aussi aux chevaux de désagréables chocs électriques. Grâce à des systèmes plus sécuritaires, par exemple des fils aériens, les réseaux de tramways comme celui de San Francisco, à gauche, ont été populaires jusqu'au milieu du 20e siècle.

Le métro de Moscou ▲
Le réseau de transport de Moscou est le deuxième plus utilisé du monde après celui de Tokyo, et il est certainement le plus décoré. Dans les stations, il y a des chandeliers et des tableaux patriotiques, destinés à l'origine à motiver les ouvriers communistes qui empruntaient le réseau tous les jours.

Elles vont effrayer
les chevaux

C RACHANT FUMÉE ET ÉTINCELLES, LES
premières automobiles ressemblaient à des locomotives à vapeur qui auraient quitté leurs rails. Elles
avançaient sur leurs roues à jantes métalliques, en cliquetant
bruyamment. Ce n'était pas étonnant qu'elles causent la pani-
que dans les rues des villes encombrées de voitures à chevaux.

Les premières de ces lourdes voitures ont commencé
à circuler en 1765, mais elles étaient peu pratiques.
La mention « cheval-vapeur » faisait
référence à la puissance des vrais
chevaux jusqu'à l'invention des
automobiles fonctionnant à l'essence,
plus d'un siècle plus tard.

**La voiture à
vapeur de Cugnot** ▲
L'inventeur français Joseph
Cugnot construisit le premier
véhicule motorisé vers 1765.
Pesant plus de deux tonnes et
fonctionnant à la vapeur, il était
conçu pour tirer des canons. Ce
ne fut pas un succès : il fallait
rallumer toutes les 15 minutes le feu qui le
faisait avancer.

**Le véhicule
de 1,5 cheval-
vapeur de
Benz, 1888**

**Nouveau
carburant** ▲
Les voitures
modernes ont pu
exister grâce à l'invention
du moteur à combustion interne.
La combustion de l'essence dans
ces moteurs actionnait les roues des
voitures qu'ils faisaient fonctionner.
Ce tricycle, fabriqué par l'Allemand
Karl Benz, a probablement été la
première de ces voitures.

16

Douzième année. — N° 572 — Huit pages : CINQ centimes — Dimanche 21 Janvier : 00.

Le Petit Parisien

SUPPLÉMENT LITTÉRAIRE ILLUSTRÉ

TOUS LES JOURS
Le Petit Parisien
5 CENTIMES.

DIRECTION: 18, rue d'Enghien, PARIS

TOUS LES JEUDIS
SUPPLÉMENT LITTÉRAIRE
5 CENTIMES.

AUTOMOBILE ÉLECTRIQUE DES POMPIERS DE PARIS

◀ Piles non incluses

Quand cette voiture de pompiers française filait vers les bâtiments en feu en 1900, les véhicules électriques existaient depuis déjà 60 ans. Au début du 20e siècle, les voitures électriques se vendaient mieux que les modèles à essence, mais elles étaient peu pratiques, parce qu'il fallait les recharger.

Un drapeau rouge ▼

Les premières automobiles britanniques étaient considérées comme des trains. Trois personnes devaient les accompagner, dont une qui devait marcher 55 mètres devant, agitant un drapeau rouge. Jusqu'à l'assouplissement de la loi, en 1896, les voitures ne pouvaient rouler qu'à une vitesse correspondant à la marche.

Des voitures chères

Même quand les « voitures sans chevaux » devinrent plus courantes, elles restèrent des objets de luxe. La plus petite coûtait l'équivalent de 18 mois de paie pour de nombreux ouvriers. Jusqu'à ce que Ford commercialise des véhicules bon marché, l'automobile restait un rêve pour la plupart des gens.

**La Ford
modèle T ▲**

En 1908, l'inventeur américain Henry Ford réduisit les coûts de construction des voitures en utilisant des éléments standards et en attribuant à chaque ouvrier une seule tâche de l'ensemble de la construction. Son modèle T se déplaçait le long d'une chaîne de production tandis que les ouvriers ajoutaient les différentes pièces. Il payait si bien ses employés qu'ils pouvaient s'offrir des voitures.

Incroyable !

**La vache
à moteur**
Les ingénieurs ne voulaient pas tous équiper leurs voitures de roues. Beaucoup pensaient qu'elles tourneraient inutilement et ils inventèrent plutôt des machines à quatre pattes. L'Américain John Pratt, par exemple, conçut en 1879 un véhicule qui « imitait le mouvement des pattes arrière d'une vache ».

**En 1899, le magazine
Literary Digest affirma :
« La voiture sans chevaux
est un luxe. Son utilisation
ne sera jamais répandue. »**

L'automobile
et les embouteillages

Tandis que les fumées d'échappement étouffent nos villes, on peut facilement oublier que les premières automobiles étaient vues comme un remède à la pollution, et non comme une de ses causes. Elles remplaçaient les transports hippomobiles, qui couvraient les routes de crottin puant. On voyait les voitures comme la solution de rechange la plus propre !

Les voitures rendirent possibles tous les rêves de liberté personnelle. Les conducteurs pouvaient se rendre et vivre où ils le voulaient. Cependant, dès la fin du 20e siècle, le rêve a commencé à virer au cauchemar. Les voitures encombrent les rues et leurs émanations représentent un grave problème, car elles accélèrent le changement climatique.

Une vision de la pollution causée par la voiture à vapeur

Incroyable ! Incroyable ! Incroyable ! Incroyable !

C'est ça, le progrès ? Les embouteillages ont ralenti les automobilistes partout, mais la circulation à Londres est la plus lente de toute l'Europe. Les voitures s'y déplacent à 19 km/h, aussi lentement que les chevaux et les calèches qu'elles ont remplacés il y a 100 ans.

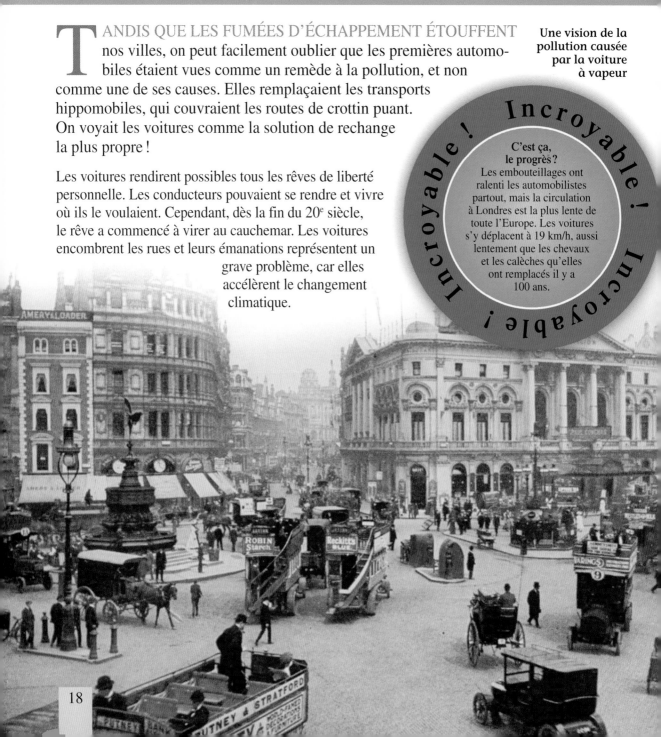

Des ailerons et du chrome ▶

Au milieu du 20e siècle, les automobiles étaient devenues bien plus qu'un simple moyen de déplacement. Après les maisons, elles étaient ce que tout le monde pouvait acheter de plus cher, et elles étaient une façon de montrer sa richesse et son bon goût. Le chrome brillant et les immenses ailerons évoquaient vitesse et prestige. La Cadillac Coupe De Ville de 1959 en fut l'exemple le plus extravagant. Avec ses allures d'avion à réaction, elle faisait presque six mètres de long.

▲ Les bouchons parisiens

Les automobiles qui libérèrent autrefois les gens les emprisonnent maintenant. Aujourd'hui, toutes les grandes villes ont des problèmes d'embouteillages. Dans le but de les régler, les autorités améliorent les transports publics, font payer les automobilistes à l'entrée de la ville ou, comme à Paris, proposent gratuitement des vélos.

▲ Des paysages modifiés

Les États-Unis sont le pays le plus touché par la croissance du transport automobile. Grâce aux voitures et à la vitesse de déplacement qu'elles permettent, les gens ont pu vivre loin de leur lieu de travail. À cause du manque de planification, les banlieues se sont étendues et les campagnes ont disparu sous des réseaux de routes.

● ● ● ● ● ● ● ● ● ● ● ● ● ● ● ● ●

Les automobilistes passent un quart de leur temps dans les embouteillages, mais ils préfèrent encore leur voiture aux transports publics.

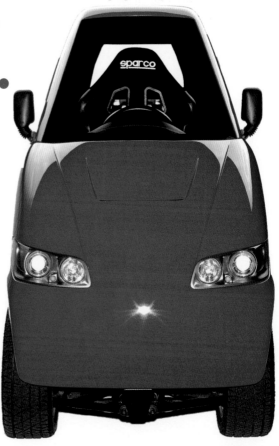

◀ Des voitures et des chevaux

Cette photo de Piccadilly Circus, prise à Londres en 1914, serait très différente d'une photo prise au même endroit 20 ans plus tôt. Les autobus avaient remplacé les omnibus hippomobiles et il y avait déjà plus de taxis motorisés que de taxis tirés par des chevaux.

Les voitures du futur ▶

Au 21e siècle, nos voitures ne peuvent plus être énormes et aussi énergivores. Le futur appartient aux minuscules voitures qui consomment peu ou pas de carburant, comme la voiture électrique Tango. D'une taille plus proche de celle d'une moto que d'une voiture, elle n'occupe que le quart d'une place de stationnement normale.

Sur les cours
d'eau sauvages

TU DOIS TRAVERSER UNE
rivière ? Alors tue le premier animal
que tu vois, ôte-lui délicatement la peau,
remplis-la d'air, referme l'ouverture du cou et tous
les autres orifices, puis traverse la rivière à l'aide
de ce flotteur. Tu trouves cela trop compliqué ?
Eh bien non. Certaines des premières personnes
à voyager sur les cours d'eau se servaient
probablement de ces flotteurs de peau gonflée.

Cependant, les flotteurs de peau ne sont pas des
embarcations et ils chavirent facilement. Les premiers
marins trouvèrent rapidement de meilleurs moyens de
traverser les cours d'eau. Ils tendaient des peaux sur un
cadre, attachaient ensemble des bottes de roseaux ou
fabriquaient un bateau à partir d'un tronc d'arbre.

Un bateau de roseaux sur le Nil

Il y a environ 6 000 ans, les Égyptiens utilisaient les roseaux qui
bordaient le Nil pour fabriquer de simples bateaux. À partir de
roseaux liés en bottes, on pouvait fabriquer tous les types d'embarcations, d'un radeau de pêche, semblable à une planche de surf,
à un navire digne d'un roi.

Des canots en peau ▲

En tendant de la peau d'animal sur un
cadre de bois, on peut fabriquer un petit bateau assez léger pour naviguer sur
des rapides. Les embarcations en peau
étaient utilisées par le peuple Mandan
sur la rivière Missouri, aux États-Unis,
et jusqu'au pays de Galles ou en Inde.

Les pirogues de guerre ▼

Les Maoris, en Nouvelle-
Zélande, étaient des experts
en construction de bateaux.
Ils fabriquaient d'immenses
pirogues qui pouvaient transporter jusqu'à 140 guerriers.
Ces bateaux, appelés «waka»,
faisaient jusqu'à 80 mètres de
long et étaient minutieusement
sculptés. Une coque double les
maintenait droit.

Avant que des voiles permettent à leurs embarcations d'avancer, les marins des îles de la Société, en Polynésie française, parcouraient le Pacifique sur des radeaux tirés par des cerfs-volants.

Une pirogue ▼
Beaucoup de peuples de l'Antiquité fabriquaient des pirogues en évidant des troncs d'arbre. Ils mettaient le feu à un tronc, puis raclaient le charbon à l'aide de lames en pierre. Cet exemple est une pirogue de Papouasie-Nouvelle-Guinée.

À la force des pagaies

Des bateaux parcouraient les rivières et les lacs il y a un demi-million d'années. Ils suivaient les courants, leurs passagers les poussant avec la main ou des pagaies. Sur les plus grandes distances, ils dépendaient des vents, des marées et des courants. Certaines personnes ont fait de dangereux voyages en traversant des océans sur des embarcations aussi simples.

Un bateau en écorce de bouleau ▲
On peut facilement fabriquer une embarcation légère à partir d'un arbre en arrachant son écorce, comme ce canot construit par les Ojibwés, en Amérique du Nord. L'écorce est souple et flexible quand elle vient d'être arrachée, mais elle durcit quand elle sèche. Les bords sont cousus fermement, et une couche de gomme d'arbre rend le tout hermétique.

Incroyable ! Incroyable ! Incroyable ! Incroyable !

Des barges colossales
Au 16e siècle av. J.-C., les Égyptiens fabriquèrent les plus gros bateaux du monde pour transporter des pierres sur le Nil. Un obélisque (colonne de pierre) fut transporté sur une barge de 7 300 tonnes, longue comme un terrain de football. Ce n'est que 3 000 ans plus tard qu'un bateau plus grand fut construit.

Des mâts
et des voiles

R AMER ET PAGAYER EST ARDU, mais, s'ils ont le vent dans le dos, les marins peuvent se reposer et se laisser pousser. Il y a environ 5 000 ans, un marin égyptien eut une idée géniale. Il leva une toile bien haut pour mieux profiter de la brise. La voile ainsi créée révolutionna les transports.

◀ **Christophe Colomb**
En 1492, l'explorateur italo-espagnol Colomb fut le premier Européen à traverser l'Atlantique et à atteindre le « Nouveau Monde ». Son équipage avait peur de voyager vers un continent inconnu, alors il persuada quatre criminels d'embarquer en leur promettant la liberté s'ils se joignaient à lui.

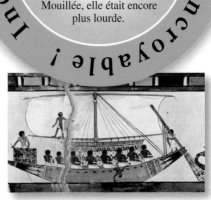

Naviguer sur le Nil ▲
Dans l'Égypte antique, les courants du Nil faisaient dériver les bateaux vers le nord. Les équipages ramaient à contre-courant, jusqu'à ce qu'ils découvrent que, avec une voile, ils pouvaient profiter des vents qui soufflaient vers le sud.

Naviguer permettait de voyager vite. Si le vent était bon, les navires pouvaient parcourir jusqu'à 750 kilomètres par jour. Grâce aux navires à voiles, les Européens parcoururent rapidement les océans les plus éloignés et conquirent les terres qu'ils bordaient.

◀ **Les jonques chinoises**
Les navires à voiles chinois étaient très en avance sur les navires européens, et beaucoup plus grands. Presque un siècle avant que Colomb traverse l'Atlantique à bord du *Santa Maria*, qui faisait 26 mètres de long, les marins chinois se rendaient en Afrique dans des jonques 4 fois plus grandes.

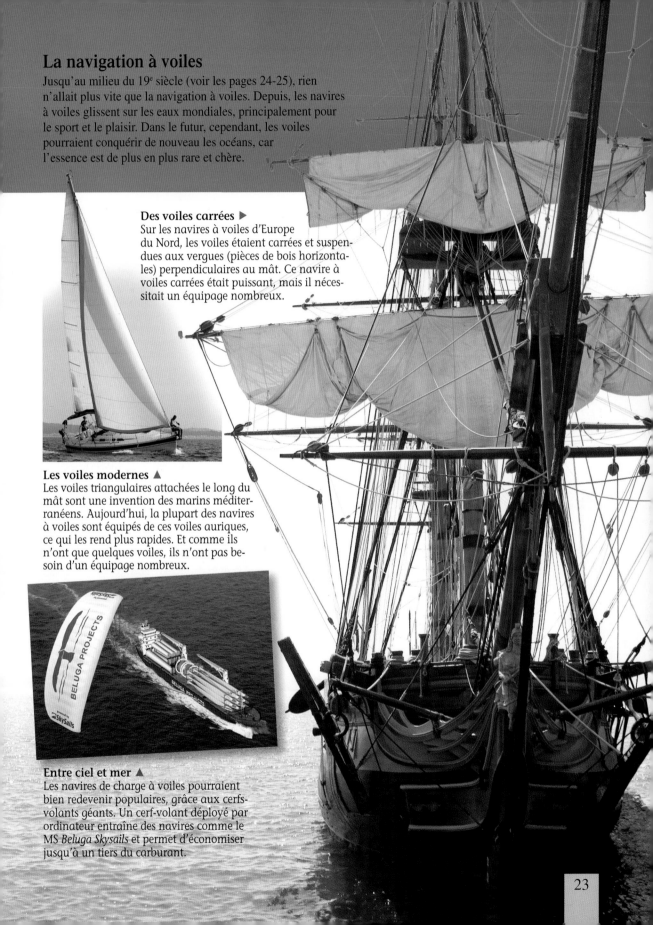

La navigation à voiles

Jusqu'au milieu du 19e siècle (voir les pages 24-25), rien n'allait plus vite que la navigation à voiles. Depuis, les navires à voiles glissent sur les eaux mondiales, principalement pour le sport et le plaisir. Dans le futur, cependant, les voiles pourraient conquérir de nouveau les océans, car l'essence est de plus en plus rare et chère.

Des voiles carrées ▶
Sur les navires à voiles d'Europe du Nord, les voiles étaient carrées et suspendues aux vergues (pièces de bois horizontales) perpendiculaires au mât. Ce navire à voiles carrées était puissant, mais il nécessitait un équipage nombreux.

Les voiles modernes ▲
Les voiles triangulaires attachées le long du mât sont une invention des marins méditerranéens. Aujourd'hui, la plupart des navires à voiles sont équipés de ces voiles auriques, ce qui les rend plus rapides. Et comme ils n'ont que quelques voiles, ils n'ont pas besoin d'un équipage nombreux.

Entre ciel et mer ▲
Les navires de charge à voiles pourraient bien redevenir populaires, grâce aux cerfs-volants géants. Un cerf-volant déployé par ordinateur entraîne des navires comme le MS *Beluga Skysails* et permet d'économiser jusqu'à un tiers du carburant.

Les navires à vapeur

SOUFFLANT, GROGNANT ET CRACHANT DE
la fumée, les premiers navires à vapeur étaient comme
des saletés dans les ports grouillant de voiles blanches.
Peu de gens pensaient qu'ils allaient durer, mais, en 1807, un
navire à vapeur commença à transporter régulièrement des
passagers sur le fleuve Hudson, à New York. Moins d'un siècle
plus tard, les navires à voiles ressemblaient à des antiquités.

Sur le Mississippi ▲
Certains des tout premiers
navires à vapeur circulaient
sur le Mississippi, aux États-
Unis. À partir de 1811, ils
transportaient du bois, du
charbon, du coton et des
passagers de Saint Louis à
La Nouvelle-Orléans. Beaucoup étaient très décorés et
avaient plusieurs ponts et de
grandes cheminées.

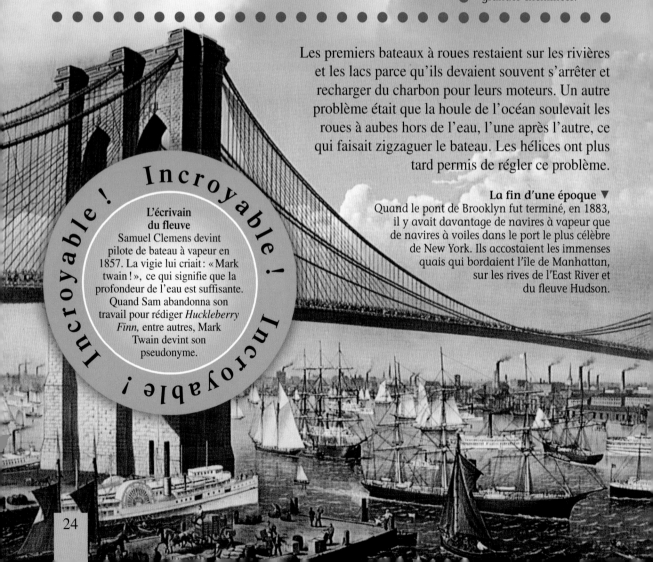

Les premiers bateaux à roues restaient sur les rivières
et les lacs parce qu'ils devaient souvent s'arrêter et
recharger du charbon pour leurs moteurs. Un autre
problème était que la houle de l'océan soulevait les
roues à aubes hors de l'eau, l'une après l'autre, ce
qui faisait zigzaguer le bateau. Les hélices ont plus
tard permis de régler ce problème.

La fin d'une époque ▼
Quand le pont de Brooklyn fut terminé, en 1883,
il y avait davantage de navires à vapeur que
de navires à voiles dans le port le plus célèbre
de New York. Ils accostaient les immenses
quais qui bordaient l'île de Manhattan,
sur les rives de l'East River et
du fleuve Hudson.

Incroyable !

**L'écrivain
du fleuve**
Samuel Clemens devint
pilote de bateau à vapeur en
1857. La vigie lui criait : «Mark
twain !», ce qui signifie que la
profondeur de l'eau est suffisante.
Quand Sam abandonna son
travail pour rédiger *Huckleberry
Finn*, entre autres, Mark
Twain devint son
pseudonyme.

Traverser les océans

Il semblait impossible que les navires à vapeur puissent voyager dans l'océan. Cependant, le 23 avril 1838, un gigantesque bateau à aubes arriva à New York, 15 jours seulement après avoir quitté l'Angleterre. Le SS *Great Western* avait des voiles, mais elles servaient principalement à maintenir le navire droit, afin que les roues à aubes restent immergées.

À la conquête de l'Atlantique ▲

Le SS *Great Western* fut conçu par l'ingénieur britannique Isambard Brunel, qui avait aussi créé le Great Western Railway, le Grand Chemin de fer de l'Ouest, en Grande-Bretagne. Il donna ce nom au navire par plaisanterie, comme s'il prolongeait le chemin de fer par-delà l'Atlantique.

Propulser des géants ▶

Tournoyant dans les profondeurs des mers, les hélices propulsaient les navires plus efficacement que les roues à aubes et nécessitaient des installations moins compliquées dans la salle des machines. Ces hélices colossales faisaient avancer le *Titanic* quand celui-ci percuta un iceberg et sombra, en 1912.

◀ Une épreuve de tir à la corde en 1848

Alors que les bateaux à aubes étaient les rois des vagues, les hélices étaient une nouveauté, jusqu'à ce que la Royal Navy britannique organise une épreuve de tir à la corde entre le *Rattler,* propulsé par des hélices, et le bateau à aubes *Alecto.* Leurs moteurs étaient semblables, mais le *Rattler* gagna, tirant l'*Alecto* vers l'arrière.

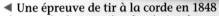

Aujourd'hui, la majorité de ce que nous achetons à l'étranger, que ce soit de l'essence ou des jouets, est transporté par des paquebots vraiment immenses. Le plus grand navire de charge, l'*Emma Maersk,* fait 400 mètres de long. Sur son pont, l'énorme SS *Great Western* pourrait facilement tenir… 15 fois !

▲ Les péniches actuelles

Une péniche est six fois plus économique en carburant qu'un camion. Les fleuves et canaux, délaissés au 20e siècle, pourraient bien permettre de nouveau de transporter les marchandises lourdes et encombrantes de façon écologique. Cette péniche circule sur le Danube, en Hongrie.

Des villes
flottantes

La vérité sur l'immigration ▲ ▼
À la fin du 19ᵉ siècle, plusieurs millions d'immigrants traversèrent l'Atlantique dans les grandes cabines d'entrepont des paquebots. Ces cabines étaient souvent surpeuplées, sales et sans aération, et elles se trouvaient toujours dans la pire partie du bateau. Les affiches publicitaires dépeignaient une ambiance beaucoup plus agréable (en bas).

É NORME ! IMMENSE ! COLOSSAL ! Aucun mot n'est assez fort pour décrire les gigantesques navires à passagers que nous appelons des « transatlantiques ». Ces immenses embarcations furent conçues pour amener en Amérique les émigrants européens.

Quand les migrations ralentirent, dans les années 1920, les sociétés de transport maritime essayèrent de réinventer les paquebots. Elles construisirent des navires plus rapides, plus majestueux, et elles créèrent des villes flottantes, afin de donner aux riches passagers tous les luxes qu'ils appréciaient à terre.

▼ Un monstre au triste destin
Quand le *Titanic* (en bas) fut mis en exploitation en 1912, c'était le plus sophistiqué des paquebots. Cependant, il heurta un iceberg et il coula lors de son premier voyage. Les riches passagers s'entassèrent dans les quelques canots de sauvetage, et la plupart des membres de l'équipage et des passagers de la troisième classe se noyèrent.

Va tondre le pont !

Les paquebots de croisière les plus récents ont du gazon naturel sur lequel les passagers peuvent jouer à la pétanque ou pique-niquer. Les experts ont eu du mal à déterminer les bonnes quantités de semences, de terre et d'eau nécessaires pour que l'herbe pousse malgré le soleil et l'air salin.

L'*Independence of the Seas* ▼ ▶
L'immense paquebot *Independence of the Seas* a 15 ponts et il est plus long que 3 terrains de soccer. C'est l'un des plus grands bateaux de croisière. Plus de 4 000 passagers peuvent y profiter des installations comme une patinoire, une piscine de surf et une rue commerçante.

Les paquebots de nos jours

Dans les années 1950, quand l'avion à réaction rendit les vols rapides et populaires, les transatlantiques perdirent leurs plus riches passagers. Beaucoup de navires furent envoyés à la ferraille. D'autres devinrent des bateaux de croisière. Aujourd'hui, une nouvelle génération de paquebots est en train d'être conçue. Ils seront plus grands que jamais, et leurs immenses cabines seront des appartements flottants pour les plus riches.

● ● ● ● ● ● ● ● ●

Dans le gymnase du *Titanic*, les passagers pouvaient faire de l'exercice sur un chameau électrique.

Plus légers que l'air

◀ **La montgolfière**
Les frères Joseph et Étienne de Montgolfier ne firent pas partie de l'équipage du premier vol en ballon. Le premier vol fut plutôt effectué par François d'Arlandes et François Pilâtre de Rozier au-dessus de Paris, en 1783.

OBSERVANT des papiers enflammés s'envoler du feu, deux frères français eurent une idée géniale. Ils ouvrirent un sac en papier au-dessus des braises. Alors que le sac se remplissait de fumée et s'élevait dans la cheminée, les frères comprirent qu'un sac assez grand pourrait soulever des passagers dans les airs.

Les frères de Montgolfier ne perdirent pas de temps et fabriquèrent le premier ballon de transport. En 1783, ce ballon emporta dans les airs un coq, un canard et un mouton appelé « Montauciel ».

MORT DE HARRIS (1824)

Incroyable ! Incroyable ! Incroyable ! Incroyable !

De la fumée puante
La montgolfière fonctionna parce que l'air chaud monte. Cependant, les frères pensaient que c'était la « fumée électrique » qui soulevait le ballon, et ils brûlaient de vieux souliers et de la viande avariée pour en produire. La puanteur qui s'en dégageait chassa le roi et la reine de France, qui étaient venus observer le vol.

De terribles dangers

La montgolfière inspira d'autres personnes. Le roi de France, inquiet, insista pour que seuls des criminels montent dans les ballons. On le persuada de laisser des volontaires essayer de voler, mais beaucoup de vols finissaient de manière catastrophique.

Des héros ou des fous ? ▲
Les accidents de ballon étaient courants. Thomas Harris (en haut) mourut en 1824 quand la soupape à gaz se coinça. Alors que le ballon descendait, il en sauta pour alléger la nacelle et sauver sa fiancée.

◀ **Des ballons de cuivre**
Un siècle avant les frères de Montgolfier, Francesco Lana de Terzi, un prêtre italien, suggéra de vider de leur air quatre grandes sphères de cuivre et de les attacher à un bateau. Il croyait, à tort, que les boules seraient si légères qu'elles feraient flotter le bateau dans les airs.

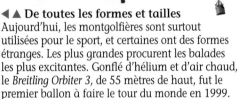

◀▲ **De toutes les formes et tailles**
Aujourd'hui, les montgolfières sont surtout utilisées pour le sport, et certaines ont des formes étranges. Les plus grandes procurent les balades les plus excitantes. Gonflé d'hélium et d'air chaud, le *Breitling Orbiter 3*, de 55 mètres de haut, fut le premier ballon à faire le tour du monde en 1999.

▲ **L'Aeroscraft ML866**
Muni d'une coque de forme spéciale, ce véhicule aérien n'est ni un ballon ni un avion. Il utilise un gaz de sustentation plus léger que l'air. Comme il peut se déplacer à la verticale et demeurer stationnaire, il peut décoller ou atterrir presque n'importe où. Il en existe une version pour passagers et une pour les marchandises.

L'évolution du ballon continua et, le 1er décembre 1783, un ballon rempli d'hydrogène entraîna 2 scientifiques jusqu'à 600 mètres dans les airs. Les humains pouvaient enfin se joindre aux oiseaux.

Un désastre ▶
Les voyages en ballon furent interrompus en 1937, quand le dirigeable *Hindenburg* s'écrasa lors de l'atterrissage au New Jersey, aux États-Unis. Rempli d'hydrogène, un gaz inflammable, il s'enflamma brusquement. L'hélium utilisé aujourd'hui dans les ballons n'est pas dangereux, parce qu'il ne brûle pas.

Quand le premier ballon dériva vers la terre ferme, des villageois français pensèrent que c'était un monstre et ils le mirent en pièces.

Les premiers
vols

Un mythe grec ▲
Les gens rêvent de voler depuis l'Antiquité. Un mythe grec raconte comment Icare et son père Dédale construi-sirent des ailes en cire et en plumes pour s'échapper de prison. Icare s'approcha trop près du soleil, la cire fondit, et Icare mou-rut dans la chute. Ce tableau de Merry-Joseph Blondel se trouve au plafond du musée du Louvre, à Paris.

EN 1896, LA PLUPART des «hommes-oiseaux» étaient la risée du public. Attachant à leurs épaules des ailes conçues de diverses façons, ils sautaient de montagnes et de tours, et ils essayaient de battre des ailes. Peu parvenaient à décoller, moins encore arrivaient à voler. Cependant, Wilbur et Orville Wright, deux mécaniciens américains de vélos, ne plaisantaient pas. Ils étaient persuadés de pouvoir construire une machine volante.

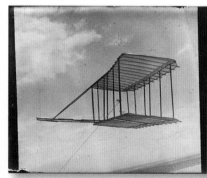

L'homme-oiseau allemand ▲
Un homme-oiseau réussit vraiment à voler. L'Allemand Otto Lilienthal fabriqua plus de 10 engins à ailes de chauve-souris, qui ressemblaient un peu à un deltaplane, et il réussit à voler sur 350 mètres. Mais en 1896, une rafale de vent lui fit perdre l'équilibre et il mourut de sa chute.

Les frères Wright étaient des amateurs. Ils avaient des rivaux riches et célèbres, mais ils abordèrent le sujet du vol de façon scientifique. Quand leurs ailes ne s'élevèrent pas aussi haut qu'ils l'avaient prévu, ils les testèrent… sur un vélo. Ils attachèrent les ailes aux poignées et ils pédalèrent comme des forcenés afin de simuler la poussée de l'air qui soulevait leur engin.

Un planeur volant comme un cerf-volant, 1900

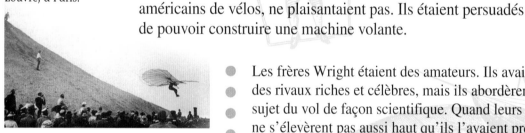

Un planeur volant comme un cerf-volant, 1901

Wilbur en train de planer, 1901

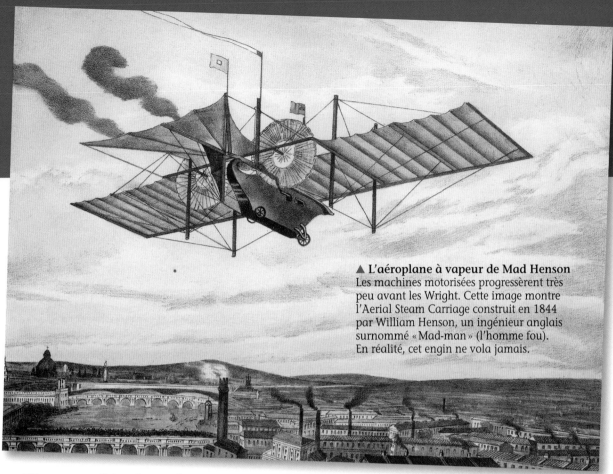

▲ **L'aéroplane à vapeur de Mad Henson**
Les machines motorisées progressèrent très
peu avant les Wright. Cette image montre
l'Aerial Steam Carriage construit en 1844
par William Henson, un ingénieur anglais
surnommé «Mad-man» (l'homme fou).
En réalité, cet engin ne vola jamais.

Photographier les vols

Passionnés de photographie, Wilbur et
Orville documentèrent soigneusement
leurs réussites, entre autres sur des
diapositives en noir et blanc (en bas).
Leurs premières machines volantes
ressemblaient à des cerfs-volants géants.
Les frères Wright se rendaient sur
des plages venteuses où ils volaient
chacun leur tour. Pour changer de
direction, ils pliaient les ailes.

Le premier vol ▼
En 1903, les frères Wright furent prêts. Ils retournèrent à Kill Devil
Hills, ville venteuse de Caroline du Nord, où ils avaient fait voler des
planeurs pendant trois automnes. Cette fois-ci, ils apportaient un
nouvel appareil, des hélices et un moteur léger qu'ils avaient conçu.
C'est là que, une semaine avant Noël, Orville s'éleva dans les airs
sur la première machine volante motorisée du monde, le *Flyer*.

Une queue fixe, 1902

Le décollage
d'un planeur, 1902

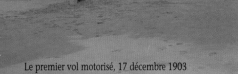

Le premier vol motorisé, 17 décembre 1903

De plus
en plus de vols

WILBUR ET ORVILLE WRIGHT montrèrent au monde qu'il était possible de voler, même si tu n'aurais probablement pas voulu voyager dans leur *Flyer*. Le pilote était allongé sur les ailes ! Le premier vol consigné dura deux fois moins longtemps que celui d'un avion gros porteur moderne. Mais dès que les Wright eurent montré l'exemple, tout le monde voulut voler.

Les riches aventuriers et les casse-cous furent les premiers à s'envoler. Ils firent des courses d'avions et risquèrent leur vie pour battre des records. Mais la guerre fut déclarée en 1914, et l'aviation devint un sujet terriblement sérieux. Les pilotes combattaient bravement dans les cieux dangereux, au-dessus des champs de bataille européens.

Louis Blériot ▼
Le pilote français Louis Blériot, qui avait tendance à avoir beaucoup d'accidents, émerveilla le monde en 1909 quand il traversa la Manche, de la France vers l'Angleterre. Il reçut la récompense de 1 000 livres sterling offerte par le *Daily Mail*, qui titra le lendemain : « L'Angleterre n'est plus une île ».

Amelia Earhart ▲
L'Américaine Amelia Earhart déclara : « Dès le décollage, j'ai su que je voulais devenir pilote. » Elle passa sa vie à établir des records, mais elle disparut avec son avion en 1937 alors qu'elle tentait de faire le tour du monde.

L'avion pour tous

Après la guerre, les avions devinrent plus sûrs, plus rapides et plus confortables. Le métal remplaça les revêtements en toile et les châssis de bois et de grillage. Grâce au moteur à réaction, on put construire de grands avions rapides. Les vols en avion, autrefois considérés comme une aventure prestigieuse, devinrent une épreuve assommante !

Incroyable ! Incroyable ! Incroyable ! Incroyable !

Attachez vos ceintures !
Dans les années 1930, voyager en avion était désagréable. On y mangeait dans de la porcelaine, mais la cabine était si bruyante et si froide que les gens devaient s'emmitoufler et porter des bouchons d'oreilles. Et le siège des toilettes était posé sur un trou dans le fuselage.

Piloter un avion de chasse pendant la Première Guerre mondiale pouvait être effrayant. Le Sopwith Camel britannique, par exemple, tournait plus facilement à droite qu'à gauche. Les pilotes disaient en plaisantant que si l'on pilotait un de ces avions, on obtenait soit une Croix de Victoria (médaille de bravoure), soit une croix en bois (sur sa tombe).

IMPERIAL AIRWAYS
AND ASSOCIATED COMPANIES

◀ ▼ Le transport de passagers
Au départ, seuls les plus riches voyageaient en avion. En 1935, quand la compagnie Imperial Airways proposa des liaisons entre Londres et l'Australie, l'aller simple coûtait l'équivalent de 70 semaines de salaire d'un ouvrier moyen. Voyager dans les premiers avions à réaction (des *jets,* en anglais), dès 1950, était si prestigieux que les passagers étaient appelés le «jet set». Les vols abordables apparurent dans les années 1970, quand les avions gros porteurs permirent de réduire les coûts.

Les hélicoptères
Comme les Wright, l'inventeur de l'hélicoptère, Paul Cornu, était mécanicien de vélo. Son engin, conçu en 1907, voltigeait, mais il était impossible à contrôler. Ce n'est que dans les années 1940 que l'hélicoptère est devenu efficace. Même si les «hélicos» sont encore bruyants et lents, et que leur utilisation coûte cher, ils sont essentiels.

$10\frac{1}{2}$
DAYS

* 10,5 JOURS

L'Airbus A380 accueille 850 passagers sur 2 étages.

Des hélicos à l'œuvre ▲
Grâce à leur capacité à décoller immédiatement et à atterrir dans des endroits difficiles d'accès, comme sur des toits plats, les hélicoptères sont très précieux. Ils sont utiles là où un avion ne peut pas intervenir, par exemple pour combattre les incendies (en haut) ou pour servir de grue aérienne (en bas).

Supersonique !

EN 1947, AU-DESSUS DU DÉSERT MOJAVE, en Californie, le pilote de l'avion secret X-1 envoya un message radio à son ingénieur : « Quelque chose ne va pas avec le machmètre… Il fait des trucs étranges. » Ce message révélait que Chuck Yeager avait volé plus vite que le son.

Atteindre la vitesse du son fut une réussite formidable. Les ingénieurs craignaient que l'avion ne s'écrase s'il volait plus vite que le son, c'est-à-dire plus vite que 1 240 kilomètres à l'heure, ou Mach 1.

▲ Un obstacle bruyant

Un avion supersonique (plus rapide que le son) est suivi d'une onde de choc. On la voit parfois sous la forme d'un cône de brouillard (en haut). Son bruit est plus évident encore : c'est le fracassant bang supersonique.

Un avion-fusée fulgurant ▼

Chuck Yeager est devenu un héros après son vol dans le X-1, qu'il avait nommé « Glamorous Glennis » en l'honneur de sa femme. Un bombardier l'avait emporté à huit kilomètres d'altitude. Quand le X-1 fut largué, il atteignit une telle vitesse qu'il battit des records.

Un super avion ▼

Huit ans après le vol de Yeager, le F-100 Super Sabre est devenu le premier avion de chasse supersonique. Aujourd'hui, tous les avions de chasse volent à des vitesses supérieures à Mach 2 (c'est-à-dire deux fois la vitesse du son).

GLAMOROUS GLENNIS

Piloter une légende ▲ ▶

Dans le poste de pilotage du Concorde, le machmètre (indicateur de vitesse) se trouvait juste sous la branche gauche du manche en forme de M situé à droite. À pleine vitesse, le Concorde atteignait Mach 2,02. Il pouvait traverser l'Atlantique en seulement trois heures et demie, mais les passagers payaient cher cette vitesse. Le billet en classe touriste coûtait jusqu'à six fois le prix d'un billet d'avion ordinaire.

Incroyable ! Incroyable ! Incroyable ! Incroyable !

Avec un balai
Peu avant son vol record, Chuck Yeager s'était cassé deux côtes. Prêt à tout pour piloter, il fit semblant d'être en forme, mais la douleur l'empêchait d'atteindre la poignée de la porte du poste de pilotage. Son ingénieur coupa un manche à balai afin qu'il puisse pousser le loquet, et Yeager réussit à voler.

À cause de la vitesse supersonique, le revêtement du Concorde chauffait tellement que ses dimensions augmentaient de 30 cm pendant le vol.

Certains appelaient la vitesse du son le « mur du son » parce que, lorsque les avions s'approchaient de cette vitesse, ils cahotaient, et leurs commandes de vol ne fonctionnaient plus. Mais l'avion-fusée X-1 fut la preuve que ce mur pouvait être traversé.

Les rois de la vitesse

Les pilotes d'avions de chasse se mirent rapidement à voler aussi vite que Yeager. Les passagers ordinaires durent attendre de pouvoir prendre le Concorde, un avion de ligne supersonique. Le Concorde était rapide et fuselé, mais il coûtait cher, il polluait et il était si bruyant qu'il ne pouvait voler à sa pleine vitesse qu'au-dessus des océans déserts.

Dans l'espace

▼ De la science-fiction spatiale
L'auteur français Jules Verne écrivit *De la Terre à la Lune* en 1865. Il imagina des canons qui lançaient des engins spatiaux vers le ciel. Dans la réalité, cette méthode de lancement écraserait les passagers.

POUR LES PASSIONNÉS DES transports, le voyage suprême consiste à quitter la Terre. Les gens rêvent de s'arracher à la pesanteur de la planète depuis que nos ancêtres ont levé les yeux sur la Lune. Cependant, les engins spatiaux pilotés sont devenus une réalité il y a seulement un demi-siècle. Après la première mise en orbite terrestre historique, les États-Unis et l'ancienne URSS se lancèrent dans une course vers la Lune.

À l'été 1969, les États-Unis gagnèrent cette course, posant sur la Lune un vaisseau ressemblant à un insecte. De nombreuses destinations plus éloignées sont encore hors d'atteinte, mais cela n'a pas ralenti l'exploration spatiale.

Incroyable !

Trop d'émotion
Buzz Aldrin, le pilote du module lunaire d'*Apollo 11*, fut si excité de poser le pied sur la Lune qu'il urina dans sa combinaison spatiale. Heureusement, les ingénieurs de la mission avaient pensé à tout : les combinaisons étaient munies de bouteilles collectrices pour éviter les dégâts.

L'avenir des voyages dans l'espace

Depuis la fin des missions Apollo, en 1975, les engins spatiaux pilotés n'ont plus quitté l'orbite terrestre. Leurs pilotes et passagers scientifiques sont maintenant accompagnés d'un nouveau type d'astronautes : des touristes. Les amateurs de sensations fortes font la queue pour payer les 200 000 $ US que coûte un voyage les menant aux portes de l'espace.

▲ Le premier astronaute

Le Russe Youri Gagarine devint le premier cosmonaute quand il entra en orbite autour de la Terre le 12 avril 1961. Pour retourner sur Terre, Gagarine abandonna sa capsule, le *Vostok 1*, à sept kilomètres au-dessus du sol et descendit en parachute. Ce fait fut gardé secret, de peur que les rivaux américains, jaloux de l'astronaute, contestent son exploit parce qu'il n'avait pas atterri dans sa capsule.

▲ Des pas sur la Lune

Humiliés par le vol de Gagarine, les dirigeants américains promirent d'envoyer des hommes sur la Lune. Huit ans plus tard, la mission Apollo 11 atteignit ce but. Sur cette photo, Neil Armstrong, le commandant de la mission, fait des expériences près de l'engin avec lequel Buzz Aldrin et lui-même se sont posés.

Le *SpaceShipOne* attaché sous son avion porteur, le *White Knight*

▲ Transporté dans l'espace

Les touristes de l'espace de demain n'entendront pas : « 3, 2, 1, FEU ! » Ils seront plutôt transportés dans une capsule accrochée sous un petit aéronef. À 16 kilomètres d'altitude, la capsule sera relâchée, puis mettra son moteur-fusée en marche pour monter à 100 kilomètres au-dessus de la Terre et effectuer un vol spatial de 6 minutes en apesanteur. Le *SpaceShipOne* est un avion expérimental qui, en étant remorqué par un avion porteur, a révolutionné les vols spaciaux.

Le moteur-fusée du *SpaceShipOne* carbure au caoutchouc et à l'oxyde nitreux, soit le « gaz hilarant » que les dentistes utilisaient autrefois.

Est-ce un bateau
ou un avion ?

À PREMIÈRE VUE, les transports semblent simples. On se déplace sur l'eau, sur terre et dans les airs en flottant, en roulant et en volant. Mais quand on y regarde de plus près, les choses se compliquent. Qu'en est-il des véhicules qui circulent sur terre et sur l'eau ? Ou sur l'eau et dans les airs ? Les inventeurs adorent les véhicules à double emploi, comme le cyclo-bateau en haut.

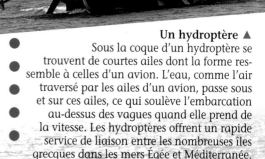

Un hydroptère ▲

Sous la coque d'un hydroptère se trouvent de courtes ailes dont la forme ressemble à celles d'un avion. L'eau, comme l'air traversé par les ailes d'un avion, passe sous et sur ces ailes, ce qui soulève l'embarcation au-dessus des vagues quand elle prend de la vitesse. Les hydroptères offrent un rapide service de liaison entre les nombreuses îles grecques dans les mers Égée et Méditerranée.

▼ L'Orukter Amphibolos

Oliver Evans, un inventeur américain, construisit ce véhicule amphibie à vapeur en 1805 pour ramasser la boue dans les chantiers navals de Philadelphie. Fonctionnant à l'aide de roues et de pales, il n'était pas très efficace, mais le moteur à vapeur qu'Evans inventa pour le faire avancer connut un grand succès et il fut plus tard utilisé pour les bateaux à vapeur du Mississippi.

Certains de ces véhicules polyvalents fonctionnent réellement. Ils sont particulièrement utiles dans les milieux où l'eau et la terre se mélangent pour former de la glace ou de la boue. Ils le sont aussi quand il faut se déplacer rapidement et tour à tour sur la terre et sur l'eau.

Voler… en quelque sorte

Il existe quelques types de bateaux qui peuvent voler. Les plus connus sont les aéroglisseurs, qui se déplacent en glissant à l'aide de coussins d'air. Les hydroptères avancent grâce à des ailes immergées, et les ékranoplanes volent un peu comme un avion, mais ils ne s'élèvent jamais de plus que quelques mètres !

▲ Un ékranoplane soviétique des années 1980, l'aéronef le plus lourd du monde

Les satellites-espions américains repérèrent les ékranoplanes soviétiques et les surnommèrent les « monstres de la mer Caspienne ».

Incroyable ! Incroyable ! Incroyable ! Incroyable !

Une invention astucieuse

Christopher Cockerell, l'inventeur britannique de l'aéroglisseur, plaça deux boîtes de conserve l'une dans l'autre. Il souffla de l'air entre les deux à l'aide d'un sèche-cheveux. La petite boîte se souleva alors davantage que lorsqu'il souffla dessus sans la placer dans l'autre.

◄ **Un aéroglisseur**

D'immenses soufflantes créent un coussin d'air sous la « jupe » souple de l'aéroglisseur, soulevant celui-ci du sol ou de la surface de l'eau. La pression exercée par le coussin d'air est légère, ce qui permet à l'aéroglisseur de circuler sur les surfaces molles comme la boue, contrairement aux bateaux ou aux véhicules à roues.

Des engins des marais

Les véhicules amphibies tirent leur nom des amphibiens, comme les grenouilles ou les tritons, capables de vivre sur la terre ferme ou dans l'eau. Certaines voitures peuvent flotter, mais elles sont plus maniables sur la terre ferme, et certaines embarcations munies de roues fonctionnent mieux dans l'eau.

Des véhicules polyvalents ▲

La voiture sQuba (en haut), construite par Rinspeed, peut vraiment évoluer sous l'eau, mais son toit décapotable exige le port d'une combinaison isothermique. Un autobus amphibie (au milieu) offre aux touristes une façon originale de découvrir les paysages. Cette voiture de police allemande (en bas) peut suivre les bandits n'importe où.

Battre
les records

En hauteur ▶
Même le plus lent compétiteur peut établir un record. L'*Helios,* une aile volante construite par la NASA en 2001, ne faisait que du 40 km/h, mais elle s'élançait à l'altitude record de 30 km. Les 14 moteurs qui faisaient tourner les hélices étaient alimentés par des panneaux solaires, ce qui compliquait les vols de nuit!

Le Zeppelin sur rails ▼
Construit en Allemagne en 1930, le Zeppelin sur rails établit le record mondial de vitesse pour les véhicules sur rails, en atteignant les 230 km/h, et il le conserva pendant 23 ans. Les grandes hélices en bois fixées sur la voiture de queue faisaient peur aux gens quand il passait devant des quais.

PROJETS NOVATEURS OU IDIOTIES INUTILES ? Les essais pour battre les records dans le domaine des transports peuvent être l'un ou l'autre. Les passionnés des records prétendent que leurs véhicules intelligents et coûteux font avancer la technologie. Mais personne ne nie que la chasse aux records est dangereuse : des conducteurs, des pilotes et des spectateurs ont déjà couru des risques énormes et fatals.

Bien sûr, le danger fait partie de l'excitation. Lors d'une course automobile à Staten Island, à New York, en 1902, les spectateurs se rassemblèrent à l'endroit le plus dangereux. Beaucoup payèrent très cher leur sinistre curiosité, car une voiture quitta la piste et fonça dans la foule.

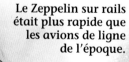

Le Zeppelin sur rails était plus rapide que les avions de ligne de l'époque.

Un bateau rapide ▲

En 2008, le trimaran *Earthrace* fit le tour du monde en seulement 61 jours, le record pour les bateaux à moteur. Il consomme du biocarburant, mais si on cultivait des aliments sur les terres où poussent les plantes qui servent à fabriquer ce biocarburant, on pourrait nourrir 1 600 enfants pendant un an.

De nouveaux atouts

Aujourd'hui, les essais de vitesse sont beaucoup moins dangereux que par le passé. C'est grâce à la technologie qu'on arrive à battre les records, pas en courant des risques inconsidérés. Certaines technologies conçues pour les courses finissent même par être utilisées pour les véhicules ordinaires. Par exemple, grâce aux essais en soufflerie, autrefois uniquement utilisés pour les voitures de course, les nouvelles voitures consomment moins de carburant.

Un héros et un zéro ▲ ▶

Grâce à son moteur diesel, le plus petit du monde, la Smart Fortwo cdi (en haut) détient aussi le record des plus faibles émissions de CO_2. En revanche, la Bugatti Veyron (à droite) est la voiture de série dont l'accélération est la plus rapide au monde, et elle consomme huit fois plus de carburant que la Smart.

◀ La Bugatti Veyron, l'une des voitures les plus chères, coûte 1,1 million d'euros.

◀ Un bolide diesel

Cette voiture de course élancée est équipée de deux moteurs diesel d'excavatrice gonflés de la marque JCB. En 2006, la JCB Dieselmax battit le record du monde de vitesse des véhicules diesel, atteignant l'impressionnante vitesse de 560 km/h dans le désert de sel de Bonneville, dans l'Utah, aux États-Unis.

Des rêves
ou des inventions?

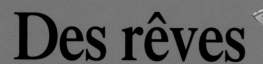

◀ **La Skycar**
Puisque la Skycar de Moller décolle et atterrit à la verticale, elle n'a pas besoin de piste d'atterrissage. Elle est un peu plus grande qu'un véhicule utilitaire sport (VUS), mais elle est cinq fois plus rapide tout en consommant la même quantité de carburant. La Skycar n'est pas encore commercialisée, mais elle est si bruyante qu'elle serait un fléau pour le voisinage.

Incroyable! Incroyable! Incroyable! Incroyable!

Rouler vers le haut
L'idée des voitures volantes est ancienne. En 1926, Henry Ford, le roi de l'automobile, en construisit une et annonça: «On verra bientôt un véhicule moitié avion, moitié voiture. Moquez-vous, mais ce véhicule va exister.» Après la mort de son pilote d'essai dans un accident, Ford mit pourtant fin au projet.

L'HUMAIN EST TOUJOURS insatisfait et inventif, alors ce n'est pas surprenant qu'il essaie constamment de trouver de nouvelles façons plus faciles, plus rapides et plus amusantes de se déplacer. Certaines idées sont assez sensées, certaines semblent carrément suicidaires, et d'autres ne relèvent que de la science-fiction.

D'énormes sommes ont été dépensées pour les routes, les rails et les aéroports, alors les futurs véhicules devront être extraordinaires pour rivaliser avec ceux qui utilisent déjà ces infrastructures.

◀ **Des soucoupes volantes**
La réalité a rejoint la fiction dans les années 1950, quand l'armée américaine a secrètement fabriqué l'Avrocar. En forme de soucoupe volante, il fut inventé par Jack Frost, un Canadien. Il devait normalement planer, puis monter en flèche comme un avion de chasse. Deux furent construits, mais les pilotes les trouvaient trop difficile à manœuvrer.

Chacun pour soi

Les inventeurs continuent de rêver, et c'est souvent de modes de transport individuels. Une seule personne peut monter sur le gyropode de Segway. Les pilotes de réacteurs dorsaux sont libres comme l'air. Et tous ceux qui détestent les transports publics voient bien l'intérêt des avions personnels.

◀ Le gyropode

Le gyropode de Segway est un véhicule électrique fait d'une plateforme en équilibre munie de roues. Il est aussi rapide qu'un coureur de vitesse olympique. Pour freiner, accélérer et tourner, le conducteur se penche vers l'arrière, l'avant ou les côtés. À gauche, on voit des policiers allemands sur des gyropodes.

Des réacteurs dorsaux ▲ ▶

Quand les astronautes font des sorties dans l'espace (en haut à gauche), ils portent des réacteurs dorsaux d'urgence qui peuvent les propulser vers la capsule si leur laisse se casse. Les réacteurs dorsaux utilisés sur la Terre (en haut à droite) doivent être beaucoup plus puissants, à cause de la gravité. Jusqu'à maintenant, seuls des inventeurs courageux les ont utilisés.

● La Batmoto ▼

Contrairement à de nombreux accessoires de films, la Batmoto fonctionne réellement! Elle a été construite pour le film *Le chevalier noir* (2008), et chacune de ses roues est équipée d'un moteur. Les canons et mitrailleuses sont toutefois des faux!

À San Francisco, des utilisateurs de Segway se rencontrent pour jouer au polo, avec le même équipement et les mêmes règles que ceux qui y jouent à cheval.

Réalité ou science-fiction?

Alors qu'est-ce qui distingue les véritables véhicules des véhicules fantaisistes ? Très peu de choses, en fait. L'Avrocar construit en secret pour les espions américains était une vraie soucoupe volante. Et la Batmoto, un pur fantasme hollywoodien, se dirige avec le corps et non avec les mains… de la même façon qu'un gyropode.

Quel sera le futur
des transports?

PRÉDIRE LE FUTUR DES TRANSPORTS est aussi audacieux que de brûler un feu rouge, car on ne sait jamais ce qui nous attend. La seule chose certaine, c'est que d'ingénieux inventeurs continueront à chercher des solutions astucieuses aux problèmes des transports. Ils seront très occupés.

Se déplacer deviendra bientôt beaucoup plus compliqué. Le pétrole qui alimente la plupart des véhicules s'épuise rapidement. Les voitures électriques ne sont pas une solution, car elles nécessitent encore un moteur à essence ou diesel. Les biocarburants ne le sont pas non plus, car ils utilisent des terres nécessaires pour les cultures vivrières.

Incroyable! Incroyable! Incroyable! Incroyable!

Plus besoin de se déplacer?
En 1991, des experts prédirent qu'en l'an 2000 un tiers des gens travailleraient à domicile grâce aux ordinateurs, et qu'ils n'auraient plus besoin de se déplacer quotidiennement. Pourtant, aujourd'hui, 9 travailleurs sur 10 travaillent encore à l'extérieur.

Le réchauffement de la planète

Il y a un autre problème. L'utilisation des carburants a modifié le climat de la Terre. Si nous continuons à conduire nos voitures rapides et gourmandes, nos petits-enfants rôtiront dans un monde sous serre. Ainsi, très, très bientôt, nous devrons dire adieu au luxe des voitures familiales, que nous apprécions depuis un siècle. Le futur appartient aux transports publics.

◀ **Une merveille ou une folie climatique?**
Armadillo Aerospace est l'une des nombreuses entreprises qui prévoit organiser des séjours touristiques dans l'espace. En 2008, le Pixel, son véhicule à décollage vertical (à gauche), a remporté un prix de la NASA pour avoir réussi à se déplacer comme s'il se trouvait sur la Lune. Ces types de projets sont excitants, mais peut-on se les permettre? Les carburants utilisés pour nos voitures et avions fragilisent déjà notre planète de manière inquiétante.

Bientôt, à cause des changements climatiques et de la hausse des prix des carburants, prendre l'avion sera un luxe réservé aux gens très riches.

Pour en apprendre davantage

Tu peux découvrir beaucoup d'autres choses sur l'histoire des transports en consultant ces sites Internet ou en te rendant dans ces endroits.

Des sites Internet

La machine à vapeur

archives.radio-canada.ca/economie_affaires/transports/clips/12359/
En visionnant des clips d'archives de Radio-Canada, tu assistes à l'invention de la machine à vapeur. Écoute un conducteur de locomotive parler, en 1948, de l'évolution de son métier.

L'aviation au fil du temps

www.aviation.technomuses.ca/j_explore/expositions/ligne_du_temps
L'exposition virtuelle *L'aviation canadienne au fil du temps* te plonge au cœur de cette industrie et de ses progrès de 1900 à 1945. Visite les miniexpos telles que *Structures et matériaux* et *Le premier vol transcanadien*, puis joue à *Conquérir le ciel*.

Le *Titanic*

www.the-titanic.com/fr
Viens découvrir les faits et l'histoire du *Titanic*. De nombreuses photos te permettent de voir la construction du navire.

Sir Sandford Fleming, chevalier du temps

www.sandfordfleming.ca
L'époque glorieuse du chemin de fer au Canada t'est présentée, à travers la vie de sir Sandford Fleming, dans cette exposition virtuelle d'Exporail, le musée ferroviaire canadien, et du Musée virtuel du Canada.

L'*Empress of Ireland*

www.museevirtuel-virtualmuseum.ca/Search.do?R=VE_1610&lang=fr&ex=on
Revis la tragédie de ce navire qui a coulé dans le Saint-Laurent en 1914, tuant 1012 personnes.

Des endroits à visiter

Exporail – le musée ferroviaire canadien

110, rue Saint-Pierre
Saint-Constant J5A 1G7
Téléphone: 450 632-2410
www.exporail.org
Viens admirer une des plus belles collections ferroviaires en Amérique du Nord! La Grande galerie présente plus de 40 véhicules ferroviaires, et une fosse d'observation te permet de passer sous une locomotive à vapeur et une locomotive diesel-électrique. Monte à bord!

Musée de l'aviation et de l'espace du Canada

11, promenade de l'Aviation
Ottawa (Ontario) K1K 4R3
Téléphone: 1 800 463-2038
www.aviation.technomuses.ca
Découvre la plus vaste collection aéronautique du Canada, qui regroupe plus de 130 appareils et une multitude d'autres objets, comme des moteurs et des hélices.

Musée naval de Québec

170, rue Dalhousie, Québec G1K 8M7
Téléphone: 418 694-5387
mnq-nmq.org
Plonge dans les mémoires du Saint-Laurent en période de guerre et dans l'histoire de la Réserve navale du Canada.

Musée maritime du Québec

55, chemin des Pionniers Est
L'Islet G0R 2B0
Téléphone: 418 247-5001
www.mmq.qc.ca
Plusieurs expositions t'attendent en bordure du fleuve Saint-Laurent afin de te faire connaître la collection nationale maritime du Québec: objets et documents anciens ainsi que deux navires grandeur nature! Viens parcourir les sentiers pédestres où on t'explique le phénomène des marées.

Musée J. Armand Bombardier

1001, avenue J.-A.-Bombardier
Valcourt J0E 2L0
Téléphone: 450 532-5300
www.fjab.qc.ca
Le Ski-Doo® fait partie de l'histoire récente du Québec. Viens découvrir la vie et l'œuvre du grand inventeur et entrepreneur Joseph-Armand Bombardier, tout en retraçant l'évolution de l'industrie de la motoneige.

Le site historique maritime de la Pointe-au-Père

1000, rue du Phare
Rimouski G5M 1L8
Téléphone: 418 724-6214
www.shmp.qc.ca
Découvre 200 ans d'histoire maritime grâce au sous-marin *Onondaga*, au musée de l'*Empress of Ireland* et à la station de phare. Passe une nuit à bord du seul sous-marin accessible au public au Canada! Visite le pavillon qui raconte l'histoire de l'*Empress of Ireland,* depuis sa construction jusqu'à son naufrage qui a fait 1012 victimes, en 1914. Une projection te plongera même dans l'atmosphère de cette nuit tragique.

Musée des sciences et de la technologie du Canada

1867, boulevard Saint-Laurent
Ottawa (Ontario) K1G 5A3
Téléphone: 1 866 442-4416
www.sciencetech.technomuses.ca
Ce grand musée te présente plusieurs volets sur le transport. Visite la salle des locomotives et parcours l'exposition *Le canot: un succès renversant,* qui met en lumière l'histoire de l'industrie du canot au Canada et de son succès commercial.

Glossaire

Tu as lu un mot que tu n'as pas compris ?
Certains des mots les plus compliqués et les moins
courants employés dans ce livre sont expliqués ici.

amphibie
Qui peut se déplacer sur terre
ou dans l'eau

biocarburant
Carburant fabriqué à partir de
plantes, et non extrait du sol

bouchon
Énorme embouteillage qui immobilise
toutes les routes d'une ville

cabines d'entrepont
Cabines les moins chères sur les
navires transatlantiques du 19e siècle
et du début du 20e siècle

chaîne de production
Endroit d'une usine où des ouvriers
assurent chacun une seule étape de
la fabrication d'un produit qui se
déplace le long de la chaîne

cheval-vapeur
Unité utilisée pour mesurer la
puissance du moteur d'un véhicule

cultures vivrières
Cultures destinées à l'alimentation

diligence
Voiture à chevaux qui circulait à
des heures régulières

fibre de carbone
Matériau très léger et solide utilisé
à la place du métal

grand-voile
Plus grande voile d'un navire

hélice
Instrument composé de pales fixées
sur une tige, installé sur un avion ou
un bateau et qui, en tournant, fait
avancer le véhicule

hippomobile
Qui est tiré par un ou plusieurs
chevaux

jonque
Vaisseau chinois qui navigue
dans l'océan, équipé d'une voile
très efficace renforcée de minces
languettes de bois

locomotive
Première voiture d'un train, dans
laquelle se trouve le moteur et qui tire
les autres wagons

machmètre
Instrument qui montre à combien de
fois la vitesse du son correspond la
vitesse de vol d'un avion

migration
Déplacement des personnes qui
quittent un pays pour s'installer
dans un autre

module lunaire
Partie du vaisseau *Apollo* qui s'est
posée sur la Lune

moteur à combustion interne
Moteur qui fonctionne grâce à
de petites explosions régulières
provoquées par la combustion de gaz
ou de carburant liquide

NASA
*National Aeronautics and Space
Administration*, Administration
nationale de l'aérospatiale, l'agence
spatiale américaine

panneau solaire
Instrument qui récupère l'énergie du
soleil, qu'on peut ensuite utiliser pour
faire chauffer de l'eau ou générer de
l'électricité

parasismique
Qui résiste aux tremblements de terre

péniche
Long bateau utilisé pour transporter
des marchandises sur les rivières et les
canaux, et parfois remorqué par un
autre bateau

planeur
Appareil volant sans moteur, soulevé
par le vent et généralement piloté par
une seule personne

programme Apollo
Programme spatial américain
coûteux, mais couronné de succès,
lancé dans les années 1960 et ayant
pour but d'envoyer des humains sur
la Lune

réacteur dorsal
Sac à dos équipé de réacteurs qui
permet à une personne de voler sur
une courte distance

roue à aubes
Grande et large roue qui se trouvait
sur les premiers navires à vapeur et
qui faisait avancer les navires avant
l'invention de l'hélice

supersonique
Plus rapide que le son

véhicule utilitaire sport
Grande voiture robuste munie de
quatre roues motrices, conçue pour
circuler sur des terrains difficiles

Index

Crédits photos
L'éditeur voudrait remercier les personnes suivantes de l'autoriser à reproduire leurs photographies :

Légende : h=haut ; b=bas ; d=droite ; g=gauche ; c=centre

Illustration de la page couverture : © David Askham/Alamy

4bc : Pauline Taylor/Alamy ; 5hg : Gary Alvis/iStockphoto ; 5hd : Images of Africa Photobank/Alamy ; 6bc : North Wind Picture Archives/Alamy ; 7hd : Adrian Sherratt/Alamy ; 7bg : David Morgan/iStockphoto ; 8bd : Robert Harding World Imagery/Corbis ; 9bd : iStockphoto ; 9cd : iStockphoto ; 9hg : US Library of Congress ; 10cg : Alexey Dudoladov/iStockphoto ; 10cd : iStockphoto ; 10bg : iStockphoto ; 11bc : Lou Linwei/Alamy ; 11hd : Samuel Lemanczyk/iStockphoto ; 11cg : Torsen Wittman/iStockphoto ; 12hc : iStockphoto ; 12bc : National Railway Museum/Science & Society ; 13hd : Heritage Image Partnership ; 13bg : Holger Mette/iStockphoto ; 13hg : iStockphoto ; 14bc : iStockphoto ; 14hd : iStockphoto ; 15bg : Ian Klein/iStockphoto ; 15hg : Leonard de Selva/Corbis ; 16bc : Science Museum/Science & Society ; 17hg : Stefano Bianchetti/Corbis ; 18hd : iStockphoto ; 18bc : NMeM/Science & Society ; 19hd : Bill Philpot/iStockphoto ; 19hd : S Greg Panosian/iStockphoto ; 20bc : Gianni Dagi/Corbis ; 21cd : Sylvia Cordaiy Photo Library Ltd/Alamy ; 22bg : Michel Setboun/Corbis ; 23cd : Dane Wirtzfeld/iStockphoto ; 23cg : iStockphoto ; 23bg : Skysails ; 24bc : iStockphoto ; 24hd : US Library of Congress ; 25cg : Mary Evans Picture Library/Alamy ; 25hd : US Library of Congress ; 26hg : US Library of Congress ; 26cg : US Library of Congress ; 27hd : Royal Caribbean Cruises Ltd ; 27c : Royal Caribbean Cruises Ltd ; 27cd : Royal Caribbean Cruises Ltd ; 27bd : Royal Caribbean Cruises Ltd ; 26bg : Mary Evans Picture Library/Onslow Auctions Ltd ; 28hg : iStockphoto ; 29cd : Bettmann/Corbis ; 29hc : MorgueFile ; 29hc : MorgueFile ; 30bg : US Library of Congress ; 30bc : US Library of Congress ; 30bd : US Library of Congress ; 31bc : US Library of Congress ; 31bg : US Library of Congress ; 32bc : Michael Perris/Alamy ; 32hd : NASA ; 33cg : Lordprice Collection/Alamy ; 34c : Dean Turner/iStockphoto ; 34bc : PD-USGOV-Military ; 35c : A R Pingstone ; 35cd : The Print Collector/Alamy ; 35hc : Yuri Gripas/Reuters/Corbis ; 36hg : NASA ; 37bc : NASA ; 37hd : NASA ; 38bd : Peter Titmus/Alamy ; 38cd : Rinspeed Inc ; 38bg : US Library of Congress ; 40hc : NASA ; 40bg : Bortal Hajdarevic/iStockphoto ; 42hc : Geoffrey Holman/iStockphoto ; 42bc : HotNYCNews/Alamy ; 42bc : iStockphoto ; 42hg : Michael Macor/San Francisco Chronicle/Corbis ; 43hd : NASA